차이에 벽을 두지 않는다

박춘희 시집

■ 시인의 말

복잡한 도시의 소음이 내 안에 들어설 때마다
적었다 고요한,

시의 결을 따라 걸었다 그 세상을,

한 권으로 엮는다

이 여정은 詩가 生을 얻는 과정이라 생각한다

이제는 내게 머물던 위로와 공감이
당신에게 가야 할 때.

−2025년 초봄
박춘희

차례

■ 시인의 말　　　　　　　　　　　3

1부

태교　　　　　　　　　　　10
꽃밭 공장　　　　　　　　　12
아바타　　　　　　　　　　14
마블링　　　　　　　　　　16
생채기　　　　　　　　　　18
회기　　　　　　　　　　　20
섬　　　　　　　　　　　　22
불신의 섬　　　　　　　　　24
물길 속 시어詩語　　　　　　26
제부도 초상肖象　　　　　　28
물의 탁본　　　　　　　　　30
속을 태우다　　　　　　　　32
고뇌　　　　　　　　　　　34
물의 두 얼굴　　　　　　　36
가는 시간 멈춤 시간　　　　38
리셋　　　　　　　　　　　40
겨울 바다　　　　　　　　　42

2부

갈림길	44
젠가	46
은행나무 카페	48
44의 팔등신	50
돌과 바위	52
경계境界 혹은 경계經界	54
침묵에게도 중력이 있다	56
흙의 방식	58
꽃무늬 티슈	60
이식	62
붕어빵	64
건새우	66
해빙	68
삼월 그리고 마중	70
가방 속 말들	71
감초	72
가는 시간을 잡다	74
못생긴 모과	76

3부

꽃 자리 80
기연奇緣 82
거울 앞에 선다 84
그늘의 고아 86
언어의 파편 88
프리지어 꽃병 90
너의 멜로디 92
스트로크Stroke 94
비탈길 96
가야만 하는 그 길 98
밤, 시 낚시 100
사무직 102
야행성 104
책 레시피 106
백로 108
원 + 원 110
표적表迹 112
매미 혹은 우화 114

4부

짝	116
호박 출산	118
는개가 내리면	120
양변기	121
강아지풀	122
각별한 점괘	124
장독대	126
수목장	128
어머니의 돌	130
종자 볍씨	132
아버지의 등	134
나만 아는 논과 밭이 있는 풍경	135
고수레	136
탱자, 가라사대	138
막걸리	140
태太	142

■ 해설 _ 김종회
삶의 중층구조와 시적 인식의 공간　　143

1부

태교

주인공의 이야기가 내 경험인 것만 같을 땐
어디론가 발설되었을 이력을 더듬는다

어린 왕자와 함께 소행성에 대해 들려줬다
모든 꽃들이 사람의 얼굴로 다가왔다
지나온 길이 다 없어지고
여백마저 문양이 되면
흘러가고 흘러온 것들이
계절에게 흥미를 갖는다

모든 걱정은 전당포에 맡기고
도드라진 상상으로
촘촘하게 씨를 뿌린다
새살이 돋듯 싹이 올라오고
통증을 골라낸 불모지가 이름을 바꾼다

플롯처럼 줄기가 자라고
에피소드처럼 꽃봉오리가 돋는다
나는 코를 벌름거리며 기다린다
한여름에도 말똥만똥 눈이 내리고
한겨울에도 쑥쑥 장미가 피어난다

옹알거리는 무지갯빛 장미
나는 나의 태교를 들키지 않으려고
어쩜! 놀라워, 추임새를 넣는다

처음이지만 오래전에 만난 사람처럼 느껴진다
나의 이야기가 우리의 이야기가 되는 건
탯줄처럼 다정한 일
묶은 이야기가 목소리를 갖듯
문득 피어난 목소리에서 살내음이 번진다

꽃밭 공장

무공해다
환경호르몬이 나오지 않는다
한 번도 눈살이 찌푸려지지 않으니
365일 청정이다
다년생이 정규직이라면
1년생은 비정규직일 게다
뿌리가 사무직이라면
꽃은 생산직일 게다
이곳에선 상하가 없고
명령과 복종도 없지만
질서는 있다
가을꽃을 봄에 만나러 서둘러선 안 되고
여름 꽃씨를 겨울에 뿌려선 안 된다

공장장은 어머니다
꽃밭 달력에 꽃을 피우고
잎을 따고 씨를 받는다
봄엔 흰민들레 패랭이 수선화 튤립
여름엔 장미 해바기 봉숭아 채송화 수국
가을엔 국화 맨드라미 금송화
겨울엔 동백과 눈꽃

봄부터 가을까지 가동을 멈추지 않는다
공장은 마을에 명물이라서
사람들이 개나리 울타리 너머를
자꾸 기웃거린다
눈과 코로 소비한다
소문이 흐드러진다

올해엔 공장 문이 닫혔다
어머니의 입원이 길어지고
풀들만 무성해지고
나비와 벌들은 마실을 나오지 않는다
그런데도 나는 어머니에게
폐업이 아니라
임시 휴업일 뿐이라고 말한다
병원 1층 정원만 살피는 어머니에게 이젠
눈물꽃만 뭉클뭉클 피어나고 있지만
난 꿀과 향기를 찾는 나비처럼 다가가 속삭인다
엄마, 다음 달에 퇴원이래

아바타

독수리의 먹이는 바람이다
아지랑이 피어오른 긴 이랑에
초릿대에 의지해 바람 부는 대로 윙윙 맴돈다
날개를 활짝 벌린 채 눈동자를 굴린다

참새 떼가 몰려오다
독수리 허수아비에 줄행랑친다
단단히 묶어놓은 저 야성
끊임없는 저공비행
허공이라는 새장에 갇힌 독수리가
밭둑에 묶인 채 호위한다

바람의 양에 따라
동그라미가 맴을 돌고
마른 날개 퍼덕이며
고개를 숙였다가 들었다가
추락인 듯 비상인 듯
포물선을 그린다

노인은 매잡이처럼 독수리를 부린다
200일 동안의 파수꾼

일손 없는 시골 마을에서
삯도 없이 손을 덜어주는데
추수가 끝나고 나면
아궁이 속에서 죽는다

허수의 생이라
장례 절차 따윈 없지만
노인은 재를 모아 밭에 뿌린다
나도 죽으면 화장해서 여기 묻힐 것인 게…
애도하듯 독백을 한다
노인의 독거가 또다시 분명해진다

마블링

눈꽃이 활짝 피었습니다,
붉게 흘려 쓴
몸의 내력

끝없는 해체에도 문양은 살아남았습니다

한때 초원을 음미했을 소 한 마리가 보입니다
물오른 버드나무가 틔워내는 유년
빈혈 같은 허기가 있던 시절
풀을 뜯어 먹다가
노을을 등지고
나와 함께 집으로 돌아가던 누렁이

아버지 따라 오일장으로 끌려가는 누렁이는
애잔한 눈망울로
나를 한번 돌아보더니
끌려가지 않으려고 버티며
내가 달려가
목덜미를 쓰다듬자 움직였습니다
다시는 짐승에게 이름을 지어주고
속마음 털어놓지 않으리라

다짐했습니다

가판대 앞에 한참 서 있었습니다
부위별로 진공포장 된 것은
마침내,
어찌하지 못했던
나의 후회와
그리움의 문양이었습니다

생채기

이별 통보를 받고
넘어지며 얻은 딱지
더덕더덕한 쓰라림 감추기 위해
딱 붙어 슬픔을 내민다

연고로 위로하지만
좀처럼 멈추지 않는 진물
아물지 않는 조바심에
끝내 피를 보여준다

아, 아무는 데엔 기다림이 필요하구나
당신에게 상처를 들켜도
볼썽사나워도 참는다

서서히 뽀얀 속살이 돋아나는 동안
가려움이 동반된다
쉽게 떠나지 않겠다는
그날의 기억
긁는 순간, 다시 도진다

새살 같은 새 마음이 쉽지 않다

스스로 무뎌질 때까지
한 번 더 기다린다

어느날 기다림이란 단어가
입속에 맴돌지 않는다
비로소 떨어져 나간 것일까
이젠 진짜 나만 아는 그날로 남은 것일까

아니다
내 머릿속에 자리한 딱지가
당신만 보면 자꾸 되살아난다

회기

반복되는 건
지루함이 아니라 패턴이다

끝없는 원 위를 걷는 듯한 날들
그리움과 기다림이 교차하는
그 회기 속에서
단순한 반복이 아니라
삶의 궤적을 그리는 일

같은 자리를 맴돌면서
걸음은 흔적을 남기고
새로운 자취를 꿈꾼다

시간이 원을 그리며
모퉁이를 돌 때마다
나와 당신만 아는 장면이 되돌아온다

낯익은 자리로 이끈 제자리
거기에는 더 이상 어제가 없다

회기는 같은 방향으로 돌고 도는

끝이 아닌, 새로운 시작이다

돌아오는 길이 낯설어도
어제의 나를 지우고
그날 그 자리에 다시 선다

내가 회기한 건 시간과 장소가 아니다
매번 당신이다

섬

바다의 숨소리 들린다

달은 물의 길을 열어주려
시속 몇 킬로로 달려왔을까

뭍을 향해 쉼없이 달려오는 파도의 걸음처럼
바다 한 채를 낚기 위해 제부도로 모여든 사람들
갯바위에 앉아 수평선 둘레를 훑는다

물밑에서 산란하는 시어들
어느 밑밥에 섬이 물릴까
모두 각각의 방식으로 낚싯대를 설치한다

말을 미끼에 끼어 바다에 던진다
정중동이 필요한 걸까
여기서는 마음을 비워야 한다

바다의 입맛이 돌아올 때까지 하염없이 기다린다
입질에 끌려왔다가 되돌아 나가는 바람의 손길
잠깐의 흥분은 파도의 몸부림이다

물살이 점점 거칠어진다

바다의 폐활량이 얼마나 큰지
폐 속에 쌓인 찌꺼기까지 정화시킨다

철썩
바다가 걸렸다

나는 오늘 아가미가 푸른 바다 한 마리를 끌어와
하얀 종이에 앉힌다

불신의 섬

섬이 떠오르자 사람들은 자신의 관점에서
그 크기를 말하며 수군댔다

누군가에겐 섬이 치명적이었고
누군가에엔 파란의 중심이었다

대가를 톡톡히 치르게 하던 섬
더 이상 악화되지 않게 수습하려 했지만
점점 커져만 갔다

쌓인 오해와 비난
어긋난 대화
도무지 줄어들지 않고
영역이 넓어졌다

분노로 불타오르는 날에는
숨이 막혔고
눈앞이 흐려져 감정은 악취를 풍겼다

날 선 말들이 박테리아처럼 번식해
섬은 불편한 공기를 내뿜었다

우리가 쌓아 올린 불신의 더미들

독성을 띤 섬을 빠져나오고 싶었지만
우리는 서로를 1%도 믿지 못해
내내 검은 계절에 갇혀 살았다

물길 속 시어詩語

시간에 맞춰 끌어 당긴 썰물
하루 한 번 반듯한 여백을 펼쳐주었다
나는 걸어간다 아니, 나아간다

갯벌에 새겨진 흔적은 기록이다
덧없이 쓸려 갈 것을 알면서도
써 내려가야 하는 숙명이다

저 멀리 수심 깊은 곳에선
시시때때로 새것을 잉태하고
무언가 산란하기에 분주할 거다

산란한 것 중엔 시어도 있겠지
파닥파닥 갓 태어난 시어가
뭍이 궁금해 물길 따라 왔다가
영감이란 그물에 걸려들겠지

물길이 다녀간 자리마다
행간이 드러나 있다
나는 발자국을 찍는다
첫 문장을 찾는다

발끝에 전해지는 미세한 떨림
조심스럽게 다가가는 순간
내면을 들려주듯 문맥이 감겨온다

잡으려 하면 안 된다
몸 속에 흘러들어올 때까지
하나가 되어 기다려야 한다

시어는 그렇게
맨발이라는 순수에게만 자신을 허락한다
나를 죄다 비운 채 하루종일 푹푹 빠진다
시가 밀려드는 저녁을 비로소 만난다

제부도 초상肖象

제부도에서 붉은 눈시울을 만났다

수평선 위 시큰한 구름 사이로
갈매기 울음소리 처연하다
풍랑에 휩쓸려 영영 돌아오지 못하는
아들의 만가 같다

아들은 홀어머니께 효도하겠다고
고깃배에 오르더니
다시 돌아오지 못했다

밀물 때면 흔적이라도 남았을까
퀭한 그녀의 눈이
하염없이 붉다

어쩌면 마음의 서녘은 저처럼
저물어가는 슬픔에 스며드는 것인지

고깃배에 실려 오는 물고기들이 퍼덕이며
플라스틱 박스에 실리고 있다
얼만큼 버둥거려야 제 몸의 미련을

내려놓을 건지
비늘이 여기저기 튄다

붉은 함지에 한 마리씩 옮기는 그녀
그것도 먼바다에서 온 기별이라고

또 눈시울이 붉게 물들어 있다

물의 탁본

양 갈래로 썰물이 갈라지며
이곳이 한때 뭍이었다고 길을 떠낸다

제부도의 오늘은
잠잠히 지나온 날들이 찍어낸 것인지
사계절이 밀착되고
노을을 묻힌 태양이 문지르듯
펼쳐낸 땅

제부도로 가는 내 마음도
추억으로의 복원이다

비릿하고, 쿰쿰한 바다 내음과
높이 떠가며 반기는 갈매 울음소리조차도
매번 새롭지만 조금은 다른
사본의 감성이다

그러니 본디 근본이 되어온 바다다

사방에 가득 찬 물소리
바람은 부드럽게 밀려오고

햇살은 바닷길을 비추며
희미한 어제를 첨부한다

잦아든 물결 속
신기하고 오묘한 포말 위에
발자국을 탁본한다

금비늘 출렁거리는 붉은 하루가
하나의 시 공간으로 묻어나와
끝에서 끝으로 유유히 흐른다

속을 태우다

창 너머 잿빛이 뒤덮여
하늘을 메우고 있다
심란을 동반한 눈보라가 밀려든다

아침 식사 마치고 다시 창밖을 보니
집이며 길 위에 눈이 소복이 쌓여 있다

갓길 차들이 이고 있는 덩이가
오늘의 처신을 두루두루 따라다니며
부스러트릴 것만 같다

세상이 온통 한뎃잠에서 깨어난 요의尿意 같아
괜스레 조급해진다
시계 초침이
눈사람에서 퍽석 무너내린 눈썹 같다

불안한 기분을 짓뭉기며 출근을 한다
차들이 지그재그 미끄러진다
늘어선 행렬
누구도 앞서지도 뒤쳐지지도 못한다

틀어놓은 음악은 왜
시베리아 자작나무 숲으로 데려가는 걸까
순한 순록 같은 차들
콧김을 내뱉는 차들

오늘 아침 폭설의 또다른 이름은 근심이다

고뇌

으스름한 뒷골목
가로등이 자오록한 불빛을 내뿜고 있다

그 아래 한 사내가
붉은 불꽃 점을 피워낸다
몸을 태운 도넛 연기
두루뭉술하게 새벽으로 떠간다

심연의 바닥에서
옳은 길인가 그릇된 길인가
물음은 뿌리를 내리고
불안은 가지를 뻗는다

발자국 소리가 멀어질 때
심연의 무게를 본다
무거운 돌덩이 같은 하루가
한 조각의 빛을 삼켜버린다

어둠 속에서도
아직 남아 있는 숨
희미하게 깜빡이는 빛

밤하늘을 빼꼼빼꼼 빨고 있는
별들 너머
몇 모금의 구름도 고독이다

어둠을 깊게 들이마신 눈빛이
허공으로 흩어지고 있다

물의 두 얼굴

물은 고요 속에 숨겨둔 빛이 있어
세상을 다 먹여 살린다

고요 속 흐르는 강물은 순하지만
담기는 그릇에 따라 모양을 바꾼다

부드러운 위로와
강렬한 경고를 담아
삶을 비추는 거울처럼
고요와 격랑 사이에서
물은 스며든다

벽지의 틈새로
균열진 바닥으로
무심한 일상 속으로
물은 위협한다

방파제 너머로
낮은 골목으로
안락을 무너뜨리려고
물은 무자비를 품는다

물은 모든 경계를 지우며
길을 만들고 새로운 지형을 그린다

그러나 그것은 물의 잘못이 아니다
물의 가능성일 뿐이다

가는 시간 멈춤 시간

기차에 몸을 싣고 시간은 달린다

종착역을 향해 가는 동안
차창에 굴렁쇠를 배뚤배뚤 굴리는 소년이 비친다

소년은 어른이 되어도 박달나무 채를 놓지 않는다
기억이란 왜 이리 힘이 센 걸까

침목들이 덜컹거리며 무게를 받아내는 동안
철길도 빛을 들이며 연마된다
은빛을 지나치는 속도로 시간이 반짝인다

자잘한 자갈들은 저들끼리 들썩이며
아귀 맞춘 채 단단하게 맞물려가고
기차가 무사히 통과하기를 기다린다

산 넘어 강 건너 굽이굽이 이어가는 길 저편
생의 가을이 마중 나와 있다

누구나 지났고 누구나 지나야 하는
저 계절은 언젠가 멈추고 싶은 한순간이다

소년은 어찌 되었을까
돌아앉은 창밖 먼 풍경은 아무 일 없는 듯
굴렁쇠 테두리에 노을을 담아 굴리고
시나브로 기차는 아득해진다

어둠 속에서 희미하게 기적 소리가 샌다
늙어버린 소년을 잊지 않으려
누군가 잠들지 못한다

리셋

아기가 벽에 그린 그림이
콘크리트 조각으로 뒹굴고 있다

포클레인은 가가호호
말문을 찍어 닫고
미처 전하지 못한 말들은
둥글게 부풀어 오르다
조금씩 사위어 간다

간절한 소식은 끝내 오지 않거나
이미 왔다 가버리는 것

계단은 침묵을 불러오고
골목은 모든 인기척을 감춘다
고요와 상흔만이 자리를 지킨다

원주민의 디아스포라
그동안 생들은 오류였단 말인가
초기화하듯 싹 밀어버린다

그 자리에 높은 벽이 자란다

초고층 견고한 슬픔

오로지 기억만
낮은 집들을 짓고 아이들을 불러 모으고
그리움을 살게 한다

겨울 바다

겨울은 한참 동안 바다를 바라본다

철썩철썩 희미하게 멀어져가는
귀에 익은 썰물이 꿈과 맞서고
나는 잠들지 못해 섬을 떠돈다

한 발짝씩 배밀이로 다가와
포말을 일으켜 창문을 흔드는 바람

그것은 내게 놓인 백지였다

수첩을 펼치는 순간
문장이 앞서고
행간은 필체를 뒤따른다

겨울 바다인지 밤하늘인지
그어 놓은 듯한 수평선 사이로
고깃배 불빛이 일렁이고,

밀물의 시심이 나를 삼킨다
나는 꿈에게 여전히 쓰고 있는 사람이다

2부

갈림길

살아가다 보면 갈림길에 설 때가 있다
어느 쪽으로 가야 할지
망설여 본 사람은 안다
어디로 향하든 선택은
스스로를 마주하는 지점이라는 걸

내 앞에 꽃길과 돌길이 있다
꽃길은 향기로 이끌고
돌길은 호젓한 명상을 가지게 한다

발을 내디딜 때마다
들려오는 내 안의 두 목소리

나아가야 해
되돌아 가

미련이 후회를 설득하고
발걸음이 몸을 설복하는

세상살이가 그러하다

모두 옳으면서, 모두 틀린 길
다시 한 걸음을 내딛는다
길은 길로 끝나지 않아
내딛는 방향이 길을 만든다

길은 내가 걷는 대로 변하고
선택한 무게만큼 의미를 품는다고

꽃길에서 돌을 보았고
돌길에서 꽃을 찾았다

젠가

숲길을 거닐다 보면
산은 여러 개 요소를 쌓아 만든 탑 같다

계곡의 물소리가 맨 아래라면
흙이 그 위에 올라 있고,
그 사이로 흐르는 바람과
이를 지탱하는 나무들이
층층 이뤄 조화롭게 맞물려 있다

나에게도 쌓아 올린 기억과 기억 어딘가에
작은 설렘 같은 틈이 있었던 건 아닐까
어느 날 일생이 흔들린다고 여긴 건
결정적인 나의 선택 때문은 아닌지

바람이 차례대로 빠져나가는 산길에서
한 줄기 빛을 본다

어쩌면 이 오후가
내가 어디로 갈지를 예측해서
나무 몇 개 선택해 두었는지 모른다

나는 이 규칙에 은근히 끌려서
숲의 정적이 흐트러지지 않도록
조심조심

길에서 나를 빼낸다

은행나무 카페

카페 창문을 활짝 열고 커피를 마시려는 순간
창문 너머 은행나무에게 눈빛을 건넨다

쉼의 여백을 만들어 준 나무
올해도 노란 낱낱의 잎들로 위로해 주며
나무는 봄부터 창문 너머를 지켜봐 왔다는 듯
침잠한 내 눈빛을 덜어간다

은행나무에 하나의 나이테가 그려지는 동안
내 안의 시어도 일일이 나뉘었다가
밝고 어두운 심상 틈에서 비어져 나왔다

언젠가 놓아줘야 할 걸 알기에
내 안에 붙잡아 둔 글귀들도
하나씩 떨구었다

다 하지 못한 마음들
미처 풀어내지 못한 상념들
한 장씩 흘려보냈다
비워야만 채워지는 고요와 민났다

그 안에서 시어는 제자리를 찾아 갔고
새로운 여백이 자리 잡아
낯선 풍경과 이미지들이 서서히 나를 감쌌다

카페의 열린 창문으로 은행잎 한 장이
테이블 위에 내려앉는다
맑은 시심을 실어와 슬며시 말을 건넨다

그 기척마저도 내겐 영감이라서
바람이 써가는 노란 필획을 받아 적는다
창문과 그 너머 사이로 오고 가는 아름다운 교신

눈에 보이지 않지만 스며드는 빛의 입자가
생의 리듬 같다

44의 팔등신

그리고, 지우며, 패턴 뜨고
복사된 스케치는
무쇠 가위로 허리를 오린다

가슴이 풍만한 팔등신 패턴을
천에 눕히고,
가위는 매끄럽게 선을 따라간다

한땀 한땀 길을 내주며 계단을 오른다
한눈팔아 옆길로 삐뚤어질 때면
쪽 가위가 한 땀 한 땀 뜯어 먹는다

설계에 맞추어 디자인해도
실패가 기다리기도 하는 길
여러 차례 구부러진 먼 길은
직선으로 가려 바늘은 속도를 더한다

그러나 노루발이 두꺼운 천을 넘지 못하고
거부하듯 바늘을 부러뜨려 속도를 멈춘다
하얀 밤을 누린내가 나도록 태워낸 열정
쇼윈도에 서서 호객행위를 하는 44의 팔등신

어깨에는 긴장의 힘을 넣고 깃을 세운다

풀린 줄자 목에 걸고
고슴도치 팔찌 낀 채 구도 잡는다
핀 못에 찔린 손끝이
뜨끔뜨끔 아리다

돌과 바위

돌이라고 다 같은 돌이 아니다

수없이 짓밟히는 징검다리와 디딤돌은
길을 터주지만

돌부리는 발을 걸어 넘어뜨린다
길을 막는다

돌이라도 돌 나름이다

한평생 무거운 집을 업고 살아가는 주춧돌
터줏대감이 되어 묵묵히 자리를 지키고

산자락에 가부좌 튼 큰 바위는
석공의 정에 맞고
거북이가 되고 사자가 되고
부처가 되어
사람의 절을 받는다

언젠가 내가 걷어찬 돌멩이는
어느 바위가 낳은 돌멩이였을까

얼마큼 자랐을까

길에 뒹굴던 돌멩이 하나
어디론가 날아가 사라져 버렸다

경계境界 혹은 경계經界

거리를 두는 일은
때로는 필요한 선택이겠으나

무엇이 안쪽이고
무엇이 바깥인지
걸음을 내디디며 벽을 보아야 한다

새들은 선을 그리지 않는다
바람 속에 날개를 펴고
온 하늘을 집 삼아 산다

우리의 마음도
그렇게 유연해질 수 있을지
경계를 지우고 친밀을 느끼며

대화는 편견을 넘나들기도 하면서
스스로 길을 만들어 간다
차이를 지우며, 벽을 두지 않으려 한다

꽃들도 범주를 몰라도
어디든 피어나 향기를 전하며

벌과 나비의 길을 안내한다

경계를 풀어야 길이 보인다

침묵에게도 중력이 있다

검은 심연이 언어를 삼킨다

빛조차 머물지 못하고 사라지는
끝도 없는 고요가 숨 쉬는 곳
너는 어디로 향하는가

말은 기억을 품고
시간이 발목을 잡는 그 자리
온갖 일들의 경계를 넘나들며 현실을 감싼다

굳게 닫힌 마음은 잠잠하지만
그 심정에는 무엇이 있을까

모든 것을 끌어안으면서도
아무것도 내어주지 않는 너는

상실인가
아니면 기회인가
두 갈래를 지닌 운명인가

우리는 서로를 향해 걷는다

보이지 않는 방향으로
끌리듯
빨려가듯
흘러가듯
물음표를 따라

침묵에 모든 것을 맡기며
중력의 서사로
경계를 넘나들며
모든 것을 끌어안고
마침내 시작과 끝을 이어간다

이제 아무 말 하지 않아도 통한다

흙의 방식

흙은 대지 위에 뿌리내린 노동이다
따뜻한 봄볕 아래
품고 있던 걸 밀어올린다

땅 위에서 들려오는
한숨과 푸념
지친 호미질을 받아들이며
오랜 인내 끝에서
풍요로운 결실을 일궈낸다

심어둔 것들을 몇 배로 키워 놓는다는 건
베푸는 본색이 있다는 것

흙의 계산법은 몇 세기를 거쳐 이뤄진다
새를 먹이고 들짐승을 먹이고
풀과 벌레까지 먹여도
결코 부족함이 없다

흙은 스스로 제 안에
길을 내면서 한시도 쉬지 않는다

당신이 흙으로 돌아올 때까지

꽃무늬 티슈

종이 상자 위에 하얀 꽃이 피었다
향기를 풍기며
다소곳이 겹의 결을 하늘거린다

루주의 입술을 스치기도 하고
눈물 속 사연도 삼키며
먼저 감정에 젖는 너

벽을 타고 오르는 바람에
솟구치는 꽃잎처럼
티슈들은 공중에서 흩어지면서
조금씩 낮아지는 바닥을 떠난다

펼쳐지는 얇은 낱장에
마음을 닦아낸 그 여백은
지나간 뒤에 남은
나일까

눈물도 웃음도 티슈에
묻어나는 것이 아니라
잠시 머문 기억이리라

그 속에 피우려던 말들이
시나브로 어딘가에서
다시 향기로 번진다고

티슈 마지막 장에서야 깨닫는다
빈 상자가 아니라
내가 그 상자였다는 것을

이식

화훼 시장 귀퉁이에서
밧줄로 친친 감긴 뿌리를 맞댄 채
밀치거나 밀린 채 놓여 있다

어느 날 사람들이 몰려왔다
삽과 괭이로 뽑힌 자국이 욱신거리는지
잎들이 시들시들하다

셈에 빠른 이들은 망울을 들여다보며
만개의 날을 저울질한다

트럭에 실려 가면서 덜컹덜컹
꽃망울도 열리는지
아니면 흩어지는지
터널을 지나고 나니 봄이다

숱한 나무들이
산비탈 산꼭대기 넓은 들과 절벽에 있어도
자신의 환영이 꽃인 줄 모른다

사람들은 꽃을 보기 위해

선명한 톱자국을 나무에 새긴다

그루터기에 새순들이 빙 둘러서 있다

크고 작은 나무들이
곳곳의 집들에게 배달되고 있다
꽃은 어떤 곳에서 어떤 봄을 만나게 될지

알 수 없는 먼 길을 가고 있다

붕어빵

바람은 밀밭 사이사이를 떠돌아가는
때로는 파도였지
한때는 밀 껌이었다가
물길을 가를 수 있는 꿈속이었고
성형 틀에 갇혀 뜨거운 고통 참으며
말랑했던 사랑 따뜻한 사랑으로 굳어 갔지

가난이 가져다준 기억 저편
밀알을 훑고 손바닥을 싹싹 비벼
한입 넣고 껌을 만들던 시절
부푼 마음으로 풍선을 그리워했지

붕어빵도 초록 들판을 가르며
마음껏 헤엄칠 수 있는
물길을 꿈꾸었겠지

밀밭과 상상이 만나
뒤죽박죽 성형 틀을 만들면
성도 이름도 생소한 붕어빵이 탄생하겠지

아비를 똑 닮았을까

어미를 닮았을까
형제를 닮았을까

언 마음을 달래주려
붕어빵 한입 베어 물면
끈적한 사랑과 상상이
달콤하게 요동치곤 했지

건새우

수평선이라는 한 지붕 아래 살아가고 있다

포식자를 피해 살아남는다는 건
또 다른 선택에 내몰리는 건지 모른다

그물에 잡히기까지
새우들은 저들끼리 적자생존을
가늠했을지 모르는 일

사람들은 생태계가 평행을 이룬다 하지만
새우들에게는 생사를 나란히 내어놓는 일이다

아득한 직선을 따라 죽 깔린 등불의 어선들이
모터로 그물을 끌어올리고 있다
꼬리를 파닥이며 아득하게 달려 올라온다

새벽 공판장은 이미 비린내로 붐비고
수신호를 따라 상자들이
쌓였다 수시로 옮겨진다

새우들의 여정은 바다가 끝이 아니다

비린내를 바람에 날리며
서서히 말라가야 한다

날이 갈수록 껍질은 붉은 수의가 되어
건어물 가게 앞에 나와
나무 됫박에 수북이 쌓인다

이젠 죽은 후에 다시 한번 죽을 차례
달궈진 팬에서 몸을 뒤집고
비릿함을 구수함으로 바꾼다

최상위 포식자가 입을 벌린다
바스락 바스락 씹으며 웃는다
신도 인간을 그렇게 바라볼 거다

해빙

뭉치고 싶다

눈사람을 떠 올린다
거푸집에 따라 모습이 다른
신경이 마비된 이글루
아슬아슬한 곡예에 극과 극의 사랑이
얼었다 녹았다 반복한다

끓어오르는 점은 봄이다
봄은 복숭아를 알고 있을까?
흐르는 물을 가두면 이별이다
갈라진 틈새로 물을 보내면
초록 뿔이 지천이다

이별의 밤은 너무나 싫다
공간의 온도는 섭씨 영도로 뚝 떨어진다
입김이 닿으면
다이아몬드의 눈물이 흐른다
연두의 목소리가 더 싫다

새싹들이 허공을 밀고 올라오면

숨이 막힌다
살얼음은
조심히 다뤄야 한다
미끄러지면 금이 가고 깨진다

꽁꽁 얼어야 북극곰이 행복하다
고온은 위험하다

삼월 그리고 마중

살얼음이라는 결심을 본다
저수지 위쪽을 감싸며
영하의 기분을 지속하지만
봄은 얼음을 깨는 방식으로
겨울을 결단한다

봄이 무릎까지 차 오면
기다림은 그리움을 마중하고
그리움은 꽃 필 무렵에 배웅을 나온다
햇볕이 내리쬐면
꽃망울 어루만지는 한낮
바람도 소식을 물어 나른다

어머니와 손잡고 걷던 저수지 둑길을 따라
물오리 떼도 윤슬을 타고 지난다
봄이 기지개를 켜고
한꺼번에 싹들이 터져나온다

가방 속 말들

손이 앙다문 지퍼를 열고 휘젓다 놀란다

꺼내 보니 두 눈도 놀란다

영혼을 뽑아낸 언어들이 좀비 떼처럼

아우성치며 손에 매달린다

잡동사니와 뒤엉킨 그 안에서

끈적끈적한 검은 피를 흘리며

음절들을 우두두둑 꺾으며

알 수 없는 상징을 쏟아낸다

가방을 찢고 나오려는 것들에는

어금니가 꽉 물고 끝끝내 놓아주지 않는 말이 있다

감초

어디에든 이롭게 쓰인다는
감초 같은 사람이 되고 싶다

분칭에 마음을 달아
행복을 조제하듯
향미가 풍부한 사람이고 싶다

옛 상인은 감초 뿌리 줄기에
생선을 한 손씩 꿰었다
부패를 막았다
감초와 생선의 궁합
혜안이었다

조금만 넣어도
좋은 독소 나쁜 독소를 중화해 준다
한약을 다릴 때
어디든지 빠지지 않고 들어가
본분을 감당한다

나도 감초 같은 사람이 되고 싶다
흉흉한 말은 덮어 희석시키고

미담은 더욱 북돋아 주는
달곰한 사람으로
자리하고 싶다

가는 시간을 잡다

기차는 고리에 고리를 물고
뻐근한 관절을 뻑뻑거리며
자신을 끌고 간다

지나간 흔적을 지우려
시간을 잡아당기며
발바닥이 닳도록
연마된 불꽃을 틔워 속도를 밀친다

종착역을 목표로 두고
칸칸마다 들어찬 것들이
놀라지 않게 흔들림 없이 달린다

납작 엎드린 빠른 속도
안간힘 쓰며
시간과 공간과 날씨를 통과한다

뒤돌아 보지 않는다
앞쪽만 본다

바쁜 하루를 잠재우려 꺼억 꺼억

울러대는 기적 소리가
익어가는 생의 가을을 훑는다

못생긴 모과

울퉁불퉁하다는 건 속이 실하다는 것이고
바람이 흠집을 냈다는 건
곧 향기가 터질 기미가 있다는 것이다

모과의 바깥으로 드디어 나간 노란빛,
그토록 둥글어졌으니
이제는 못생긴 마음 하나쯤 채우고도 남을 것이다

사람은 왜 외모를 향기 숨긴 마음이라 할까

우리는 자주 모가 났지만
제 모서리를 버리고 무구한 둥긂이 되는 걸
바랐다

과일에 벌레가 있어 당도를 증명하듯
못생겨도 좋다 그저 속내가
진심을 잃지 않는다면

인양人香이 있어서 마음의 과즙에 흠뻑 취하고 싶다

못생긴 모과를 제일 먼저 집었다

문득, 들여다보다가
네 얼굴이 겹쳐진다

훗, 우리는 못나서 마주할 수 있었다고
모과에 코를 부빈다

살면서 우린 한 번도 잘난 적 있는
특품은 아니었지만

누군가에겐 다정한 모과였다

3부

꽃자리

한때 꽃의 시절이며 잔영이다

병원에서 대기 중일 때
따뜻한 의자의 온기
누군가 체온으로
나의 자리는 잠시 향기롭다

꽃받침은 향기를 품은 태자리이자
처음 너를 안았던 배냇저고리였다

시간과 함께 자리가 비워졌지만
꽃은 자신이 깃든 향기를 잊지 않는다

너와 앉았던 긴 야외 의자를
바람이 가볍게 쓸고 지나간다

어제는 거기
오늘은 여기
내일은 또 볕 좋은 곳

자리는 원래 그런 건지도 모른다

언제나 그 자리에 꽃 핀다는
봄의 기약처럼

마음은 기억이 만개할 때까지
그 자리에서 기다린다

어디든 너로 빛나고
텅 빈 자리도 너의 숨결로 채워진다

그러니 출산은 너를 만난 봄이다
하나뿐인 꽃자리다

기연奇緣

너는 따뜻한 바람 같아서
보이지 않아도 느껴지고
스치기만 해도 내 안의 스산한 불안이
누그러진다

너는 별이어서 늘 저 멀리 있는 것 같지만
언제나 내 길을 밝혀주는 빛나는 사람

평범한 하루도 특별해지고
모든 순간이 고귀해져
네 이름을 떠올리는 것만으로도
내 삶에 새로운 꽃이 피어난다
네가 웃을 때마다
세상이 조금 더 아름다워져

너는 내가 지키고 싶은 이유
내가 살아가는 이유
그저 너라서 그걸로 충분하다

평범한 듯 스치는 네 목소리가
하루의 배경음악이라는 것을 안다

마치 구름이 햇살을 비켜주는 것처럼
내 손엔 네가 준 온기가 남아 있다

그 온기 한 모금에 담긴 눈빛은
특별한 말을 하지 않아도
내게로 스며온다

소중하다는 것은
너라는 존재가 스스로 빛이 되어
내 삶의 어두운 모퉁이를 환히 밝혀주는 것이다

거울 앞에 선다

거울 속 내가 낯선 건
내 몸으로 찾아온 시간이 얼굴을
오래 들여다보았기 때문이다

젊음은 한때의 웃음 속에서 돌아오지 못했고
희미한 주름 사이로 세월만 머물고 있다

거울은 묻는다
너는 누구였고 어디로 가느냐고
그 속에는
흐르는 시간과
매 순간을 살아낸 내가 있었다

거울은 의미를 비춰
내가 지나온 길을 가만히 되새기게 한다

너는 변하지 않았다고
아직도 어제의 너라고
삶은 공평하다고 …

하지만 내가 봐버린

시간의 그림자는 말이 없었다

거울은 오늘도 나를 비춘다
옛일을 잠시 보여주고
그 시간에 머물다 오게 한다

거울 너머의 삶이
여전히 묻고 있다
너는 무엇을 기억하고 어디를 향해 가는가

거울 속에서 또 다른 내가
나를 바라보고 있다

그늘의 고아

그늘이 드리운 길 위
무성한 바람이 지난다
빛이 닿지 않는 곳에
숨겨진 이야기가 스며 있다

그림자가 곁붙이다
어둠은 나를 감싸며 매 순간
박동을 맞춘다

어둠은 고요한 심연
안식으로 이끄는 현실의 여백이다
그곳에서 나를 잃고
흩어진 빛의 조각에 찔린다

그늘 아래에서 세상은 멀어지고
내 안에서 스쳐 가는 순간만 떠오른다

그림자가 길어질수록 생각은
더 짙어지고 나는 그 속에서
이전에 없던 나와 마주한다

그늘의 경계에 선명한 빛이 걸려 있다
그림자는 빛 속에 들어가 숨으로 새겨진다

어둠은 찬란한 세상의 반대편에 서서
비밀을 품은 깊은 심연과 마주하는 자리다

그림자는 나의 가장 가까운 심장
검은 뒷면이 보살피고 있다

어둠은 잃어버린 시간의 고아다

어둠 속 스치는 눈빛
그곳에서 비로소 그늘이 키워 온
진정한 나를 본다

언어의 파편

조각난 언어와 말의 잔해는
공중을 떠돌며 부유한다

유리처럼 부서진
단어의 파편들
만질 수도 없고
만져지지 않는
감정의 조각들

서로 엇물려 예리하다
불통은 깨진 말들을 담아내는
언어의 슬픈 왕래인가

기억의 조각들은
꿈의 파편을 품고
살을 에는 말에
날카로운 비수처럼
내 귀에 꽂히고 깊은 상처를 낸다

남의 혀에서 날아온 표창 같은 말끝에
베이고 찔린다

너무도 쉽게 흘러가고 오는
말의 쇄편들
마음속에 서서히 파고드는 고통
결말은 항상 예상치 못한
어두운 곳에서 날카롭게 번득인다

그러나 비수 같은 언어는 상처를 주지만
낫지 않은 슬픔이란 없다

아직 건네지 않은 떨림이
파편들을 어석어석 다질 수 있다
서로에게 모나지 않도록 …

프리지어 꽃병

뿌리를 잘라내고서도
어떻게 피어야 할지 궁리하는 걸까
줄기가 꽃을 매달고 조금 휘어 있다

한낮의 창가, 그림자 드리우고
노란 꽃이 뿌리 없이 향기를 드러내고 있다

희망은 퍼지는 것보다
마음 속에 깊이 내리벋는 게 아닐까
짙은 그늘 속에서도 빛나는 꽃

프리지어는 향기의 힘으로
노란빛을 내는 등燈이다

뿌리의 상실도 잊은 채
꽃이 천진하게 켜져 있다

내일이나 모레쯤 꽃대는 시들어갈 테지만
오늘은 가장 빛에 가까운 시간

송이 송이 우주를 열고

뿌리 없는 향기로 암흑을 메우고 있다
향기로 정화된 슬픔이 만개한다

너의 멜로디

이어폰을 끼고 최신 가요를 듣고 있다 보면
도시의 심장 소리가 들리는 것만 같다

네온사인의 멜로디
가로등의 음표

정거장을 지날 때마다
한 소절씩 밤이 이어진다

속도란 음계 위에서 소리를 빛으로 바꾸는 일
밤의 구름조차 하모니다

디지털 세상에서 울리는 음악
너와 나의 무한한 멜로디

거리의 불빛 아래 후렴이 반복된다

차가운 유리창 너머로
사람들 발걸음이 스쳐 가고
각자의 하루가 리듬을 탄다

경쾌한 귀가
결말이 희망에 접목된다

시간의 틈새를 가르며 흐르는 너의 목소리
어둠 속에서도 빛을 발하는 새로운 하모니

스트로크 Stroke

음악에도 길이 있다면 거리는 외곬의 상설 무대다

행인들 바삐 지나는 후미진 곳
기타를 조율하는 소리가 섞이면
어둠은 한 치씩 뒤로 밀려나고
음은 스스로 자신의 선율을 조금씩
바람에 흘려보낸다

가녀린 손끝에서 우는 기타
그 소리를 음의 영혼이라 부르면 되지 않을까
그러나 차가운 유리 같은 눈동자들
외면을 달고 있다
내부가 가려진 채

버스커가 드디어 헛기침하며 마이크를 손에 쥔다
첫 곡은요…
조금은 떨린 목소리
이내 긴장을 지워낸 챙챙챙 소리가
스피커에서 파동으로 튄다

저 긴 머리카락은 수많은 오선지가 길게 길러낸

소리의 실타래이지 않을까

거리의 소음 속에서
멜로디는 사람들의 마음을 흔들어 놓는다

하나둘 모이더니 어느새 빙 둘러선 사람들
손에는 어느새 휴대폰이 들려 있고
박자 맞추는 박수 소리가
점점 너비를 넓힌다

음악은 이때 사람들 사이를 다녀간
측량이라 불러도 된다

보이지 않는 경계를 잇고
잃어버린 거리를 재며

그녀의 스트로크가 계속되고 있다

비탈길

비탈길이 흘러내린다

재빠른 노루도 구르고
덩달아 낙엽은 날고
비탈길도 따라 구른다

멈출 수 없는
가파른 각도
이곳에선 모두 기울어진다

중간 둔덕
간신히 참나무 등에 기대면
비탈길도 따라서 숨을 고른다

비탈길을
오르는 사람
내려오는 사람
모두 숨이 차다

벼랑 끝에 가부좌 틀고 앉아
고목 해송이 웃는다

비바람을 몸에 새기고
굳건히 견뎌낸 근육이자 힘이다

가야만 하는 그 길

비탈길을 지나니
돌밭 길이다
빠른 길을 찾고 싶은데
갈림길 앞에서 망설이게 된다

가야만 하는 길이란
갈 수 없는 길이 터놓은 가능성

호젓이 걷고 싶은 오솔길을 찾아도
길은 보이지 않고
무성한 숲이 가로막고 있다

같은 자리로 되돌아오는 산길에서
얼마나 머물렀을까
지름길이라 여겼던 끝이
가파른 벼랑이었다

뒷걸음쳐 외진 길을 지나
다시 구불구불 내려서는 동안
잘못 든 길이
내게 타이르고 있다는 걸 알았다

그렇게 걷고 있다
삶은 늘 초행길이고 서투른 여정이라고

뒤돌아보면
터벅터벅 내일이 뒤따라 오고 있다
혼자만이 가는, 그 길을 간다

밤, 시 낚시

노을이 잠든 밤바다에 황금물결이 인다

초승달은 밝은 빛을 내주려고
안간힘을 다해 조도를 높힌다

물의 주름은 누가 잡아 놓았을까
주름 모양이 내 마음 같아
슴북슴북 들여다 본다

물 밑에서 산란한 시어들이 술렁인다
달은 젖지 않는 발자국으로
마음마저 끌어당긴다

뭍을 향해 쉼 없이 달려오는 파고의 걸음걸이
시어를 낚으려 전국에서 모여든 시 태공들
빛의 둘레를 훑는다
개밥바라기 별도 내려와 앉는다

생각의 미끼를 끼어
허공을 가르며 바다에 던진다

흔들림에 요동치는 시어가 꼼지락 거린다
중심을 잃고 휘청거릴 때면
팽팽한 긴장감이 돈다
미끼를 물고 끌려오는 시어
씨알이 제법 굵다

잡힌 시어가 달아나려
나의 집중을 흩어 놓는다
고요의 침묵이 필요한 걸까
해수면을 맴도는 찌에
시선을 고정하고 물의 숨을 읽는다

비늘 하나 상처 주지 않으려
초승달 갈고리에 걸린 시어 하나를
숨죽여가며 겨우 수면 위로 끌어올린다
백지위 구절들이 파닥인다

영락 없는 생물이다

사무직

자리가 정해지기 전까지는
자유롭게 떠도는 구름이었다

매일매일 보고서가 숨 쉬고 있는 사무실
차 심부름에 자존심은
구겨진 채 서랍 속에 숨는다

정규직과 비정규직 틈에 끼어
살아남는 일은 눈칫밥에
숨 막히는 일

정해지기 전까지 권태의 물결은
유유히 흘렀을 것이다

유속을 따라 유장하던 꿈의 갈림길에서
좁은 문을 두드리는
취준생을 거쳐
이곳저곳 불려 다니는 계약직을 지나
지금 여기에 겨우 자리잡았는데
나는 허무가 스며들기 좋은 대상이다

허무는 사람과 사람 사이를
헤엄쳐 다니는 물고기와 같아서
정규직 앞에서 비정규직은 무너지고
비정규직 앞에서 정규직은 긴장 한다

때가 되면 정규직이든 비정규직이든
끝내 떠나고 말겠지만
오늘만은 이 자리가 내 자리이다

야행성

빛이 들지 않는 지하 방은 편안한 안식처이다
눅눅하고 부드러운 습기가 있는 곳

열심히 땅굴을 파서 멋진 터널을 만들고
주름진 터널이 지면 위를 기어다니는 상상을 한다

땅거미 지고 어둠이 내리면 나는 활발해진다
짙은 농도의 상상속으로 들어가 나만의 신세계를 펼친다

아침이 오는지, 하루가 지났는지에 대해 신경 쓸 필요가 없다
미세한 소리와 움직임으로 예민해진 나의 감각이
야행성이 되어 백지 위를 뛰어다닌다

밤을 벗겨 낮을 꺼내는 스크래치 아르누보*의 명작같이
어둠 속에서 모던하고 우아한 이야기를 발굴한다
읽어 줄 사람 하나 없지만
어떤 장르가 되어도 상관없다

기억까지 황홀하게 탈색되어
오직 오늘의 나만 남을 때까지 짜릿함을 즐긴다

나는 이방인이 아니다
지하 방을 끊임없이 즐기는
21세기의 특별한 종족이다

책 레시피

책은 주재료에 따라 맛이 다르나

부재료로 어떻게
고명을 얹느냐에 따라
그 색이 다르다
녹음 짙은 책 표지는
숲 향기가 난다
편백을 볶으면 상큼한 맛과 풍미에
숙면할 수 있다

행간은 멋 내기에 달인이다
골을 파고 숨소리가 들리게 하면
텃밭이 보이고 고향이 보인다
이랑에 무수한 말이 말똥말똥 뒹군다

흙과 함께 버무려 이랑을 만들면
수다가 비닐을 뚫고 뾰족뾰족 돋아 나고
다음 장을 넘기면
봄을 헤집고 초록 뿔이 올라온다

냉이 다리의 잔털을 뽑고

갖은 이야기로 버무린다
침 묻은 검지로 핥아 맛을 보고
깨소금으로 마무리한다

밤새 상상으로 책 요리를 하다 보니
허기가 밀려온다
시를 써서 공복을 채운다

백로*

뿌연 운무가 어머니를 마중한다
이슬은 잰걸음으로 몸빼바지를 핥는다

운무가 걷히자 곧바로 땡볕이다
고추 밭고랑 깔고 앉은 한나절 속으로
땡볕과 산비둘기 울음이 파고들고
꽃뱀 같은 바람이 훑고 지나가지만
땀이 줄줄 샌다

혼자 풀이 자라는 속도를 따라잡을 수 없다
3일째 3마지기 김매는 일을
혼자 반복하고 있는 그녀
가뭄 날 호박잎처럼 시들시들해지고 만다

해를 업고 납작 엎드린 능선이
구름을 짚고 섰을 때
여물어가는 고추가 뜨끔뜨끔 결려 온다

땀을 닦으며 고개 들어보니
저녁놀도 서산 등에 걸려 있다
호미가 옆구리를 콕 찍으니

땡볕이 한풀 굽는다

졸고 있는 애호박 하나를 소쿠리에 담아 내려온다
땅을 기어가던 샛길이
어느새 텅 빈 집을 향해 앞서가고 있다
어머니 머리 위로 개밥바라기별*이 뜬다

*백로: 24절기 중 한 절기로 9월 7일이며 이슬이 내리기 시작하는 24절기 중 15번째 절기이다.
*개밥바라기별: 저녁에 서쪽 하늘에 보이는 금성

원 + 원

앞을 봐도 뒤를 봐도 똑같다

생겨날 때부터 둘
탯줄도 몸도 둘
베개도 둘 포대기도 둘

거울을 안 봐도 알 수 있다
옷을 사러 가도
언니만 입어 보면 된다

조개껍질 같이 앞뒤가 똑같다
서류에 붙여도
아무도 의심을 하는 사람이 없다

붙였다 떼어낸 데칼코마니

그런데 사춘기부터 틈이 조금 벌어졌다
그 사이로 식물이 자라고
다른 모양의 마음이 자랐다

동생은 수선화 언니는 야생화

동생은 서양화 언니는 한국화
언니는 바깥이었고
동생은 안쪽이었다

그리고 뒤에 따라붙는 수많은 그런데
둘만 알고 있었다
같은 이름의 꽃이여도
각각 다른 향기를 품는다

표적表迹

나무토막을 작게 다듬어 이름을 거꾸로 썼다
어스름이 붉게 찍히고 있었다

작은 조각도刀로 귀퉁이 베면 남이 될까 봐
조심스럽게 한자씩 팠다

붉은 테두리 안에 갇힌 이름
표적은 나를 가리켰고
도장은 나를 찍었다
후 불면 창밖 대추나무에서
버스럭대는 소리가 났다

꾹꾹 누른 음절 세 개가 넘실거렸다
휘청이는 가지들이 구름을 판각하고 있었다

도장밥 같은 저녁놀 발라
하얀 종이에 찍으니
표적은 꿈이었고
도장은 약속이었다

죽은 나무가 내 이름을 받아 안고

빨간 꽃을 피웠다

목각 달이 천천히 능선을 떼고 있었다

매미 혹은 우화

눅진한 어둠의 늪에 허우적거리던 날들
깊은 잠에서 일어서는 허리가 낮빛을 잡는다

무겁고 무딘 마음에 숨을 불어 넣어
우울을 떨쳐내고 걸어 나오는 발목이 뻐근하다
잊혀진 이름들이 고개를 들고
회상 속으로 허공을 난다

굳었던 몸을 기지개로 풀어 어깨를 들썩여 본다
요동치는 마음을 달래며
관절 마디마디 맞춰 몸을 들어 올린다
이글거리는 태양의 저쪽 언덕 끝에 비치는 푸른 빛이 황홀하다

허기진 날들, 날갯짓으로 포만감을 채운다
깊은 어둠을 뚫고
나온 자가 되어 우화를 완성한다

고시원 건물 앞 나무에서 운다
나를 닮은 사람의 눈밑이
한 낮인데도 어둠을 살고 있다

4부

짝

뼈대 없는 말문이 트여오는 저녁
무성한 헛소문도 멈춰 서있다

다른 곳을 원한 적 없었다며
막무가내 심장을 파고 들어앉아
음과 양을 조절한다

짝이 유일하게 희망인 사람에게는
단 한 번의 실수도
치유되지 않는 깊은 상처로 남는다

야박한 생이 회심의 정전을 지르는 것처럼
예령 없이 찾아오는 사건 사고에
귀퉁이가 부서지고 삶이 조각날 때
시치미로 쪼개지는 불협을 마주한다

그러나 우리는 쉼 없이 반쪽을 찾아야 한다
암수가 맞물려야
이루어지는 일이 대부분이다

세상엔 딱 맞는 짝이란 없다

조금 틀어진 것들은
시간이 지나면 죄다 무뎌진다

호박 출산

텃밭 끝자락의 호박 줄기가
불룩한 덩이를 감싸고 있다

호박의 만삭이란 땅으로부터 품었던 시간을
끝내 밖으로 밀어내는 일이고
그 무게를 감당하는 덩굴이
탯줄처럼 묶어낸 건 아닐까

이슬 한 방울
햇살 한 조각에도 속은 익는다
나도 저렇게 엄마의 기대를 품고 있다가
세상에 태어난 건지도 모른다

저물녘 노을빛이
밭의 고랑을 지극하게 밀고 온다

긴 기다림 끝
그 품에서 터질 열매는 밭 구석에서
붉은 달처럼 산달에 가까워진다

호박은 크는 게 아니라

땅과 우주의 숨결로 채워지는 거다

나는 오며 가며 자꾸만 호박을 살핀다
즐거운 산파가 된다

는개가 내리면

바람결에 당신의 목소리가 묻어나더니
그날의 햇살이 다시 눈앞에 부셔져 흩어진다

어리숙했던 말
서툴러서 다시 다가갔지만
손끝에 닿을 듯 물러난 봄이었다

내 용기는 일찍 져버린 목련처럼 누추했고
돌이킬 수 없는 순간은
아무도 모르는 곳에서 피었다 지는 벚꽃이었다

눈을 감으면 봄은 더 선명히 내 안에 볕을 비춘다
젊음이 이토록 짧았던가
되뇔 때마다 슬프게 환해진다

어쩌면 우리가 남긴 꽃이
눈부신 그날이었다고
이루지 못한 계절을 열어젖히면

는개는 아련하고 아려서
슬픔보다 더 자우룩하게 내린다

양변기

털컹하고 열린 하얀 자리
몸의 끝을 맡기는 곳이다
비밀은 여기서 솨 소리에 섞여 내려간다

속엣것이 드러나지 않고 사라져서
잠시 쉼이 되기도 하는 곳
생각은 이때 다시 채워진다

쪼그리고 앉아 신문을 보던
해우소는 온데간데없고
엘리자베스 1세가 최초로 쓴 양변기가 밑에 있다

준비된 물로 근심 걱정을 마중하는 변기
비우는 게 시작이라는 걸 알려준다

세상살이가 거쳐 가는 곳
마음이 마음을 씻겨내는 곳

뚜껑 덮인 양변기가
왠지 청렴해 보이는 아침이다

강아지풀

보송한 바람이 뺨을 스칠 때
들길 옆 너의 필체가
발목을 잡는다

털북숭이 붓을
허공에 긋고 그리며
흘리면서 장문의 글을 쓴다

벌칙 때문에 엉덩이로 글을 쓰던
한때 내 모습과 닮았다

잡풀이라 함부로 읽고
강아지 아닌 강아지풀이라 적었던
시절이 있었으므로

털붓을 뽑아 친구 목을 간질이며
보드라운 밀어를 새겼던 적 있다

그때 심장은 아직도 한들거리고 있을까

바람 따라 구름 여백에 글을 휘저어

또박또박 적어가는 가을

너도 나처럼 시인이다

각별한 점괘

어머니의 욱신욱신 쑤신다는 말에
주술처럼 밝은 뿌연 운무가 자욱하더니
먹구름이 내려앉는다

요란한 개구리 울음도
무논에 비를 부르는지

전깃줄에 앉아 전갈을 가로챈 새들
하늘을 낮게 가르며 둥지로 찾아든다
줄지은 개미 떼도 흙냄새 짙은 곳으로
바삐 이동 중이다

예보란 적중되기 위해
단서를 미리 알리는 걸까

예감을 끌어안은 산자락에는
나뭇가지들이 휘둘리며 위태로운 곡예를 한다

갑자기 바람은 빗길을 터 주고
일기예보가 끝나자마자
소나기가 솨 쏟아져 내린다

참 시원하다, 어머니는
두 손을 무릎 위에 올려놓고
해가 뜰 점괘를 무심히 짚어 보고 계신다

장독대

내 장독대에 어머니 항아리가 절반이다

간장을 담그면서 잘 보라시던 어머니
소금물에 간을 가늠하려 계란을 띄우는 지혜를 보여주고
메주와 숯과 대추를 띄워 발효와 숙성이 잘 되길 기도 한다

항아리는 햇볕을 받아먹고 항아리 속을 익혀준다
어머니는 보물 창고인양 장독 뚜껑을 늘 쓰다듬고 닦으셨다

장독대 언저리엔 봉숭아 맨드라미 채송화 분꽃을
키 순서대로 줄 세우고
여름밤 손톱 위에 봉숭아꽃을 얹어
물들여 주시던
어머니의 환영이 보일 듯 잡힐 듯하다

어머니의 손때 묻은 유품인 항아리를
이제는 공작단풍과 야합수나무 그늘 아래
편히 쉬라고
빈 항아리로 나란히 두었다

윤기 잃은 항아리는 푸석한 세월의 때 옷을 입고
바람 부는 날이면 뚜껑을 덜그럭거리며 기척을 낸다
내 삶이 어머니 자리에 와 있고
어느새 내 얼굴에 어머니가 있다

수목장

수요일에는 그녀가 그립다
목요일이 되면 긴 목을 늘인다
그녀의 그늘엔 피톤치트가

후
두
둑

둔덕 삼밭에는 편백나무와 그녀가 동거중이다
가지마다 새순이 뾰족뾰족 돋아 수다를 떤다
살았던 집이 한 눈에 내려다보인다

손때 묻은 문고리는 굳게 닫혀있고
빈집과 빈 마당에는 잡풀이 무성하다
더 보고 싶어 우듬지는 키를 늘인다

그녀가 가꾸던 뜰에는
분꽃과 채송화가 시간의 발목을 잡는다
분홍노랑, 빨강노랑
해년마나 그리움의 좌표가 된다

뒤란에는 제일 높은 감나무가
안테나를 뽑아 주파수를 맞추고
그녀와 마주 본 채 외로움의 교신을 꾀하고 있다

장독대에서 익어가는 이야기들 맛을 전하고 싶을 것이다
어느 날 누군가가 장독 뚜껑을 열면
그녀의 구수한 후일담이 삐져나올 것이다

어머니의 돌

어디서 왔는지
어머니와의 인연은 언제부터인지
이름도 성도 없는 둥글납작 바위
네 고향은 어디일까

어머니 손에 닳고 닳아
돌의 궁둥이는 반질반질
흙에 묻혀 살던 기억은 온데간데없이
세파에 씻기어
어머니 냄새만 남아있구나

펄펄 뛰는 무를
항아리 속에 잠재우고
살아 올라오려던 동치미
누르고 눌러 꼼짝 못하도록
구속하는 묵직한 누름돌의 무게

떠오르기를 포기하고
소금물 속에 깊은 잠을 청하는 무
샛노랗게 익어 가며 쭈글쭈글
싱싱하던 근육이 빠진다

동치미가 꺼내는 심쿵한 마음도 함께 익어간다
나에겐 누름돌이 최고의 유산이다

종자 볍씨

장독대 옆 고깔을 쓰고
짚 옷 차려입은 신줏단지가 근엄하다

이른 봄 뒤란에서 어머니는 쉿!
입술에 검지를 세워 얹곤 했다
여자애라서 절대 뚜껑을 열면 안 된다며
내 손을 끌고 나왔다

어느 날 나는 혼자 있는 틈을 타
나무토막을 밟고 올라서서
신줏단지 옆 큰 항아리를 열었다

그 안엔 수많은 볍씨들이
싹 틔울 준비로 분주했다
아차, 부정 타면 싹이 덜 튼다는 말
그제서야 생각났다

서둘러 뚜껑을 닫고 내 입도 막았다
몇 날 며칠을 걱정했고
또 몇 날 며칠을 후회했다

볍씨를 밥 한 공기에 담으면 3,880개
그걸 한 마지기 심으면 3,880포기이라는데
내 마음을 아는지 모르는지
하얀 이팝 꽃들이 환하게 피어났다

그날 이후 난 찰진 쌀밥을 볼 때마다
종종 묻고 했다
얼마나 조용한 곳에서 몸을 풀고 왔니?

아버지의 등

거친 파도가 높게 솟아올 때
바위가 그 앞을 가로막는 건
고난을 산산이 받아들이겠다는 뜻이다

생활은 한때 그렇게 표류했고
우리는 이리저리 흔들렸다

두려움은 방향을 틀어 다시 수평선 너머로 물러났지만
모든 충격을 묵묵히 받아들인 아버지

잠이 들면 코 고는 소리가
조금씩 마모되어 가는 바위 같았다

조금도 물러서지 않고
그 자리에 서서 다음 파도를 기다렸다

그것이 오늘을 있게 한 아버지의 등이었다

굽은 등, 나의 방패
쇠잔하지만 여전히 나를 지탱해 주는
든든한 바위였다

나만 아는 논과 밭이 있는 풍경

산비탈이 45도로 흘러내리다 멈춘 곳에
자그마한 논밭이 있다
따비로 일군 다랑이논과 밭
그 옆 옹달샘에 물이 맑다

아비는 허리 숙여 무논을 훑고
어미는 밭을 캔다
하늘에 알알이 맺힌 뭉게구름
훔쳐도 보다가
어이~ 신호를 보내면

옹달샘이 흙 묻은 손등을 핥고
갯버들이 살랑살랑 꼬리를 흔든다

잘 익은 열무김치와
고추장 듬뿍 먹은 노가리가
회포를 풀 무렵

산그늘이 새참 같은 바람을 이고
두렁을 걸어오곤 했다

고수레*

좁은 둑길이 어머니의 잰걸음을 재촉할 때
광주리 속 종지들이 티격태격 부딪친다

문희 아버지!
부르는 소리가 먼 산을 휘돌아 올 무렵
장기 한 마리 먼저 대답하듯 한데,

사랫길*로 올라서는 허기의 무릎에서
걷어 올린 한쪽 바지가 스멀스멀 내려온다

땀 삐질삐질 흘러 눈두덩이를 가려도
고봉으로 담은 보리밥 흐트러질까 봐
삼밭에 다 도착해서
그제야 광주리를 내려놓는다

아무리 배가 고파도
가난에 떠밀려 굶어 죽은, 고 씨 밥부터 챙겨
"고 씨네" "고수레" 외치며 멀리 던져주는 아버지

구름 한 수저 가득 떠지는 오후,
풋고추의 맵고 향긋한 내음이

포만한 들녘에 스민다

* 고수레: 들에 밥을 내가면 농부는 밥을 먹기 전, 굶어 죽은 고씨에게 밥을 한 수저 떠서 던져주는 것으로, 풍년을 기원하는 행위다.
* 사랫길: 논, 밭 사이로 난 길

탱자, 가라사대

아무도 손댈 수 없는 그곳에 하얀 꽃이 피어난다

꽃향기가 은은히 퍼지면서
열매는 고요히 익어간다
가시가 있어 그늘조차 침범하지 못한다

가라사대
꽃은 가시의 신앙이다
그 믿음을 가시가 볼 수 있는 것은
스스로 섬겼던 꽃을 기필코 보아버릴
유월이 왔기 때문이다

누군가 손을 내밀어 가시에 찔린다면
그 저릿한 상처는
꽃보다 진한 향기를 몸에 새긴 것이다

나는 그 가시에 받힌 적 있다

진실은 쉽게 다가오지 않고
찔려서 흘린 눈물의 결을 따라 에돌았다

가시덤불 속
내 자리를 뚫고 피어난 말들
시간은 그것을 한철 생채기라 하지만
마침내 향기가 내게도
배어 온다

상처가 때론 격언이 되기도 한다

탱자의 꽃잎이 흔들리는 바람 속
나는 가시들 앞에서
탱자처럼 탱자를 곱새긴다

막걸리

밥알 같은 별들이 구름 한 사발에 떠 있다
시금털털한 저녁이다

주류 아닌 비주류 같은 고요가
찰람 따라 주는 불면
난도질당한 하루를 헤집어
젓가락으로 들어 올린다
어렵게 얻은 일자리 갑질로 잘린 맛 같다

슬픔은 고유하다
막걸리 한 모금 넘기니
눈썹 사이로 부예진 안개가 컬컬하고,
막걸리 두 모금 마시니 달궈진 초승달이 뜨겁다

죽음이 홀짝 마시다 만 몸 같을까
푼푼하지 않은 희망이 핑 돌고 있다
너도 돌고 나도 돌고 세상이 빙글빙글
취하는 시간이다

가로등 하나가 모든 시름 다 잊은
골목을 배려하고 있다

터벅터벅 걷는 사내를
관용의 대문이 쭉 들이킨다

밤도 비우고 쉬어야
내일을 담을 수 있다고
그제야 창문이 불을 끈다

태太

끈으로 작태한 저녁해가 걸려 있다
그 눈알 속으로 꾸덕꾸덕 이름들이 말라간다

두들기는 방망이에 살점이 터져 퍼지는 동안
샛노란 구름이 얼다 녹았을 황黃

천장에 매달려
빌고 비는 복을 먼지에 쌓았을 건乾

건져낸 그물에서 내동댕이쳐
그대로 굳어 얼어버린 동凍

물 위를 올라 뻐끔뻐끔 입질을 놀리다
꼬치에 가슴 꿰어 펄럭이는 명明

덕장의 어스름이 누르고 연해질 때
귀머거리 삼년, 봉사 삼 년, 벙어리 삼년이
눈알 굴리다 얼 부푼다

펄쩍펄쩍 뛰어오르던 싱싱한 생生이
아련히 저물고 있다
갈고리에 달린 초승달이 무섭다

해설

삶의 중층구조와 시적 인식의 공간
― 박춘희 시집 『차이에 벽을 두지 않는다』에 붙여

김종회(문학평론가, 전 경희대 교수)

1. 박춘희의 시가 지킨 자리와 갈 길

 박춘희 시인의 두 번째 시집 『차이에 벽을 두지 않는다』를 원고 상태로 읽으면서, 필자는 많이 놀랐다. 먼저 시인으로서의 이름을 가진 연한이 짧은데도 어떻게 이처럼 수준 있는 시 세계를 형성할 수 있었는가에 대한 의아함 때문이었다. 다음으로 그의 시편들이 보여주는 감각적이고 서정적인 시어들이, 여러 자리에서 저마다의 의미망과 더불어 수려하게 빛나고 있는 까닭에서였다. 이러한 느낌은 오래 시를 들여다보아야 알 수 있는 것이 아니며, 한데 모인 시들을 일별함으로써 알아차릴 수 있는 것이다. 동시에 전문적인 독자 곧 비평가에게 그와 같은 느낌을 공여하기가 결코 쉽지 않은 일인데, 나중에 건네받은 시인의 프로필을 보고서 이내 석연할 수 있었다.

박 시인이 문단에 이름을 알린 것은 2024년 《열린 시학》 신인작품상을 받으면서였으나, 그 이전부터 그가 걸어온 문학인의 길이 벌써 만만치 않았다. 그는 『언어의 별들이 쏟아지는』이란 시집을 상재上梓한 바 있고, 오랜 기간 시 낭송 강사요 독서 논술 지도사의 일을 해 왔다. 여러 문인협회의 회원이자 학습관의 강사였으며, 문학 활동과 관련하여 수상 경력도 많았다. 이러한 객관적 사실은 그가 원래부터 글쓰기의 운명을 자각하고 그 방향으로 자신의 삶을 꾸려왔다는 것, 그리고 그 창작의 추동력이 자신의 기량과 잘 부합했다는 것을 말해준다. 이는 어쩌면 시인이 누릴 수 있는 행운인지도 모른다. 시인으로서의 지향점과 시 산출의 성취가 서로 응대하지 않아, 그로써 고통스러운 이가 한둘이 아닌 터이기에 하는 말이다.

 시의 실제에 있어 박춘희는 시종일관 세상의 본질을 투사하는 두 겹의 눈길을 운용한다. 표현법에 있어서는 시적 대상으로서의 삼라만상을 동시다발적으로 일깨우는 의인화와 활유법의 방식을 원용한다. 그가 사용하는 시어들은 감각적이고 서정적이며, 거기에 생각의 깊이를 더하는 지적 이미지를 동반하고 있다. 그의 시를 주제론적 측면에서 살펴보면, 삶의 여러 질곡桎梏을 두고 고통의 형상으로서가 아니라 새로운 소망을 일깨우는 원재료로 받아들이는 '희망의 시학'을 구현한다. 항차 그 언어의 구사가 부드럽고 자연스럽기까지 하다. 사정이 이러하다면 그는 신인 같지 않은 신인이요, 창작의 경험이 축적된 '잘 준비된 시인'이 아닐 수 없다.

2. 현상과 본질을 함께 바라보는 눈

모두 4부로 구성되어 있는 이 시집 1부에 수록된 시들은, 박춘희의 시 전반이 그러하듯이 외형적으로 드러난 현상과 내포적으로 숨어 있는 본질을 포함하여, 이를 중층적으로 인식하는 세계관에 입각해 있다. 이 입체적 사유思惟의 형식은 우리 삶의 모든 현장을 가시적인 것과 불가시적인 것으로 대별大別하고, 겉과 속을 동시에 투시하는 관점을 확립하면서 외형의 얼개 아래에 잠복해 있는 핍진逼真한 세상사의 진면목真面目을 도출한다. 거기에 시를 길어 올리는 유의미한 공간이 설정되어 있는 셈이다. 「섬」에서 '아가미 푸른 바다 한 마리'와 같은 표현, 「물길 속 시어」에서 '시가 밀려드는 저녁' 같은 비유, 그리고 「겨울 바다」에서 '나는 꿈에게 여전히 기대고 있는 사람' 같은 언표言表가 매우 신빙성 있는 사례가 될 수 있다.

무공해다
환경호르몬이 나오지 않는다

한 번도 눈살이 찌푸려지지 않으니
　　365일 청정이다
　　다년생이 정규직이라면
　　1년생은 비정규직일 게다
　　뿌리가 사무직이라면
　　꽃은 생산직일 게다
　　이곳에선 상하가 없고
　　명령과 복종도 없지만
　　질서는 있다
　　가을꽃을 봄에 만나러 서둘러선 안 되고
　　여름 꽃씨를 겨울에 뿌려선 안 된다

　　공장장은 어머니다
　　　　　　　　　ㅡ「꽃밭 공장」부분

　인용한 시는 자연의 생명력과 생태적 상상력을 동원하여, 우리 시대의 곤고한 삶의 모습을 형용한다. 다년생과 1년생의 꽃에서 정규직과 사무직을, 뿌리와 꽃에서 사무직과 생산직을 유추하는 시인의 언사는 꽃밭에서 인생을 발견한 자의 변론이다. 여기에 자연의 질서를 강조한다. 한 걸음 더 나가서 '공장장은 어머니'라는 선언을 불러온다. 어머니의 온갖 역할을 다 설파한 다음, 어머니의 입원으로 공장 문이 닫혔다고 이른다. 시적 화자는 어머니에게 '폐업이 아니라 임시휴업'이라고 강변한다. 이렇게 보면 이 시 한 편에 동시대 삶의 현주소와 그 자리를 지키며 살아온 어머니의 일생을 동시에 환기할 수 있다. 어머니가 가꾸던 꽃밭의 울타리 안에, 이 모든 사태가 함께 매설된 시다.

    양 갈래로 썰물이 갈라지며
    이곳이 한때 뭍이었다고 길을 떠낸다

    제부도의 오늘도
    잠잠히 지나온 날들이 찍어낸 것인지
    사계절이 밀착되고
    노을을 묻힌 태양이 문지르듯
    펼쳐낸 땅

    제부도로 가는 내 마음도
    추억으로의 복원이다

    (중략)

    금비늘 출렁거리는 붉은 하루가
    하나의 시 공간으로 묻어나와
    끝에서 끝으로 유유히 흐른다
                             —「물의 탁본」부분

이 시집의 1부에서 시인은 유달리 물의 속성에 대해 깊은 통찰을 부가하고 있다. 시인은 때에 따라 물이 갈라져 바닷길이 열리는 제부도 앞에 서 있다. 이 시적 화자에게 제부도는 남모르는 추억을 안고 있는 듯하다. 그러기에 '제부도로 가는 내 마음도 추억으로의 복원'이라고 했을 터이다. 바다는 여러 모양으로 '사본의 감성'을 보여주지만, '본디 근본'이 되어온 존재다. 그 바다는 '신기하고 오묘한 포말 위에 발자국을 탁본'한다. 이렇게 현상을 시현示現하는 바다에, '금비늘 출렁거리는 붉은 하루'가 '하나의 시 공간'으로 묻어나와 유유히 흐른다. 문제는 바로 그 '시 공간'에 있다. 현상으로서의 바다가 담아내고 있는, 시인이 비의秘義처럼 숨겨둔 강렬한 본질이 움직이는 공간인 것이다.

3. 활유와 역설 또는 깨달음의 방식

시인이 활달한 상상력으로 자신의 강역疆域을 구축해 나갈 때, 참으로 중요한 요소 중 하나는 그 상상력의 진폭과 심도가 얼마만큼의 미학적 가치 곧 예술성을 담보하느냐 하는 것이다. 그런데 이 사뭇 중차대한 시 창작의 전제 요인은, 당초의 목표뿐만 아니라 그에 이르는 과정에 있어서도 합당한 척도를 확보해야 한다. 이 대목에서 박춘희가 선택한 창작의 도구는 사물의 의인화나 활유법의 조화로운 응용이었고, 그를 통해 궁극적으로 시적 깨달음의 성과를 견인하는 시작詩作 유형이었다. 2부의 시에서 「은행나무 카페」에서는 창문 너머 은행나무를 대화의 상대역으로 내세우고, 「흙의 방식」에서는 세상에서 인간의 역할을 방불彷彿하는 흙의 기능을 설정하며, 「건새우」에서는 새우와 사람의 생태계를 평행선 위에 놓고 그 양자를 균형성 있게 가늠한다. 이러한 관찰의 방정식은 결국 효율적인 비유법을 통해 우리 생애의 실체를 확인하려는 시도에 해당한다.

> 살아가다 보면 갈림길에 설 때가 있다
> 어느 쪽으로 가야 할지
> 망설여 본 사람은 안다
> 어디로 향하든 선택은
> 스스로를 마주하는 지점이라는 걸
>
> 내 앞에 꽃길과 돌길이 있다
> 꽃길은 향기로 이끌고
> 돌길은 호젓한 명상을 가지게 한다
>
> 발을 내디딜 때마다
> 들려오는 내 안의 두 목소리

> 나아가야 해
>
> 되돌아 가
>
> ―「갈림길」 부분

　많은 시인이 '갈림길'에 대한 시를 썼다. 마르셀 프로스트의 「가지 않은 길」은 그 가운데서도 가장 유명한 시다. 그런데 여기서 만나는 박춘희의 「갈림길」 또한 만만치 않다. 프로스트는 생애의 나중에 이르러 그 두 길을 함께 바라보며 자기 인생의 회억回憶에 잠기는데, 박춘희 시의 방점은 그 선택의 시점이 '스스로를 마주하는 지점'이라는 데 있다. 내 앞에 있는 '꽃길과 돌길' 모두 저마다의 특색이 있는 터이지만, 발을 내디딜 때마다 '내 안의 두 목소리'가 들려온다는 것이다. 그러나 마침내는 '꽃길에서 돌'을 보았고 '돌길에서 꽃'을 찾았다는 것이 시인의 결이다. 그러므로 나의 내부에서 각기 다른 향방으로 향하는 두 자아에게 입을 주어 말하게 하고, 그 말이 이윽고 자기 인격의 통합적 조망에 이르게 하는 것이 이 시인의 시다.

> 우리의 마음도
>
> 그렇게 유연해질 수 있을지
>
> 경계를 지우고 친밀을 느끼며
>
> 대화는 편견을 넘나들기도 하면서

스스로 길을 만들어 간다

차이를 지우며, 벽을 두지 않으려 한다

꽃들도 범주를 몰라도

어디든 피어나 향기를 전하며

벌과 나비의 길을 안내한다

경계를 풀어야 길이 보인다

—「경계境界 혹은 경계經界」부분

 경계境界는 사물이 어떤 기준에 의하여 나누어지는 한계를 말하고, 경계經界는 사물의 옳고 그름이 분간되는 한계를 말한다. 시인은 이 두 경계의 개념과 의미에 비추어, '거리를 두는 일'에 대해 상고詳考한다. 여기에 본보기로 등장하는 '객관적 상관물'은 새다. 선을 그리지 않으며 바람 속에 날개를 펴고 온 하늘을 집 삼아 날기에 그렇다. 마치 새가 인간보다 더 명석한 판단력으로 균형성 있는 처신을 하고 있다고 인정하는 어투다. 우리의 마음과 대화도 그러해야 한다는 것이 시인이 얻은 각성이다. 시의 결미 행으로 그는 이렇게 썼다. 경계를 풀어야 길이 보인다! 이 한 줄의 깨달음이 비단 이 시 한 편이나 이 시집 한 권이 아니라, 자기 시 전체를 통해 시인이 추구하는 소중한 수확인지도 모른다.

4. 자아의 존재 양식과 희망의 발굴

 모든 글 쓰는 이는, 아니 모든 사람은 본래적 자아와 일상적 자아의 두 정체성을 함께 끌어안고 생각하며 고민한다. 일찍이 이상이 「날개」에서 그러했고, 헤르만 헤세가 『지성과 사랑』에서 그러했다. 지금 우리가 공들여 살펴보고 있는 시인 박춘희도 매한가지다. 그는 3부의 시 여러 편에서 이 길항 갈등하고 상호 조응하는 양자의 관계성을 '나'와 '너'의 이분법으로 분할 하여 도입한다. 다만 박춘희의 시가 독특한 것은 그 상관관계의 뒤끝에서 '판도라 상자'의 희망과 같은 결말을 상정하고 있다는 데 있다. 「꽃 자리」에서는 '텅 빈 자리도 너의 숨결로 채워질 꽃 자리'가 되고, 「언어의 파편」에서는 '비수 같은 언어'가 상처를 주지만 '낫지 않는 슬픔'이란 없다고 단언한다. 그리고 「표적表迹」에서는 도장의 날인을 확대해석하여, '죽은 나무'가 내 이름을 받아 안고 '빨간 꽃'을 피웠다고 묘사한다.

 너는 따뜻한 바람 같아서
 보이지 않아도 느껴지고
 스치기만 해도 내 안의 스산한 불안이
 누그러진다

 너는 별이어서 늘 저 멀리 있는 것 같지만

언제나 내 길을 밝혀주는 빛나는 사람

　　(중략)

　　소중하다는 것은

　　너라는 존재가 스스로 빛이 되어

　　내 삶의 어두운 모퉁이를 환히 밝혀주는 것이다

　　　　　　　　　　　　　　　—「기연奇緣」부분

　기연奇緣은 말 그대로 기이한 인연을 뜻한다. '나'의 상대역으로 출현한 '너'는, 따뜻한 바람이자 별이며 특별한 존재이고 '내가 살아가는 이유'이기도 하다. 그렇게 '너'는 '나'에게 소중한 존재다. 그런데 우리가 목마르게 궁금한 그 상대역의 정체는 구체적으로 드러나지 않는다. 이 지점에 시의, 또 박춘희 시의 묘미가 있다. 시인이 언명言明한 바로는 '소중하다는 것'이 주부라면 '너라는 존재가 스스로 빛이 되어 내 삶의 어두운 모퉁이를 환히 밝혀주는 것이다'가 서술부를 이룬다. 짐작컨대 '너'를 한정하여 말하지 않는 시인의 태도는, 그 이름을 경망하게 거론할 수 없을 만큼 귀한 존재이거나 아니면 그 정체가 하나의 이름으로 요약될 수 없는 포괄적 총체성을 가졌거나 하는 연유에서일 터이다.

　　비탈길을 지나니

돌밭 길이다

빠른 길을 찾고 싶은데

갈림길 앞에서 망설이게 된다

가야만 하는 길이란

갈 수 없는 길이 터놓은 가능성

(중략)

그렇게 걷고 있다

삶은 늘 초행길이고 서투른 여정이라고

뒤돌아보면

터벅터벅 내일이 뒤따라 오고 있다

혼자만이 가는, 그 길을 간다

　　　　　　　　　―「가야만 하는 그 길」 부분

'길'이라는 상징적이고도 구체적인 말만큼 우리 삶의 행로에 많은 시사점을 부여하는 경우도 드물지 않을까 싶다. 인용된 시의 문장에서, 시인은 놀랄만한 언어적 경구警句 하나를 보여준다. '가야만 하는 길이란 갈 수 없는 길이 터놓은 가능성'이라는 언술이다. 이 가능성은 고난이 첩첩한 우리 삶의 가도街道에 언제나 아직 열리지 않고 있는 새로운 길이 있다는 강력한 주박呪縛의 언어를 생산한다. 누구에게나 아직 가지 않은 삶의 여정은 '초행길이고 서투른 여정'이다. 시인은 뒤돌아보면 터벅터벅 '내일'이 뒤따라오고 있다고 술회했다. 내가 붙들고 있는 오늘과 아직 내게 이르지 않은 내일이 동행하는 모양새다. 그런데 우리가 이 시인의 시를 읽어온 문맥에 비추어 보면, 거기 아직 밝히지 않은 희망의 청신호가 남아 있으리라 예단할 수밖에 없는 형국이다.

5. 어머니 그리고 세월 저편의 기억

세상의 모든 시인에게 어머니는 언제나 경외의 대상이다. 조병화는 그의 시 「꿈의 귀향」에서 "어머님 심부름으로 이 세상 나왔다가 이제 어머님 심부름 다 마치고 어머님께 돌아왔습니다"라고 노래했다. 박춘희의 시에서 어머니는 아득한 꿈의 그림자이면서 지금도 현실적인 삶의 정서에 개입하는 강고彊固한 힘을 가졌다. 아버지의 이미지 또한 크게 다르지 않다. 이 시집의 4부에 이르러 시인은 그 결곡한 가족애를 여리고 순한 서정적 시어에 담아 내놓는다. 그의 시에서 볼 수 있는 '는개'나 그가 자신의 아호雅號로 선택한 '윤슬' 등의 어휘가 그에 필적한다. 「각별한 점괘」의 일기예보와도 같은 통증이나, 「수목장」의 '장독대에서 익어가는 이야기들' 그리고 「아버지의 등」의 '조금씩 마모되어 가는 바위'와 같은 묘사는, 육친에 대한 절절한 사모와 그리움을 서정적 감성으로 치환한 범례들이다.

바람결에 당신의 목소리가 묻어나더니
그날의 햇살이 다시 눈앞에 부서져 흩어진다

어리숙했던 말
서툴러서 다시 다가갔지만
손끝에 닿을 듯 물러난 봄이었다

(중략)

어쩌면 우리가 남긴 꽃이
눈부신 그날이었다고
이루지 못한 계절을 열어젖히면

느개는 아련하고 아려서
슬픔보다 더 자우룩하게 내린다
─「느개가 내리면」 부분

박춘희 시의 순정한 서정성과 염결廉潔한 지적 아우라를 유감없이 보여주는 시다. 제목에 게시한 '느개'는, 안개비보다는 조금 굵고 이슬비보다는 조금 가는 비를 말한다. 이를테면 비는 비로되 비 같지 않은 비를 일컫는다. 그 는개는 시적 대상의 불필요한 구획을 무화無化하고 의식의 지나친 명징성을 거절한다. 시인은 모든 생명과 사물을 유연한 관조觀照의 눈으로 바라보려 한다. 거기 세월의 흐름이 '손끝에 닿을 듯 물러난 봄'으로 개재介在되어 있다. 이때의 '당신'이 누구인지 모호한 채로, 또한 꽃을 남긴 '우리'가 누구인지 석명釋明하지 않은 채로, 시는 제 몫을 다한다. 그러자니 는개다. 는개는 아련하고 아려서 '슬픔보다 더 자우룩'하다.

  내 장독대에 어머니 항아리가 절반이다

  간장을 담그면서 잘 보라시던 어머니
  소금물에 간을 가늠하려 계란을 띄우는 지혜를 보여주고
  메주와 숯과 대추를 띄워 발효와 숙성이 잘 되길 기도 한다

  (중략)

  윤기 잃은 항아리는 푸석한 세월의 때 옷을 입고
  바람 부는 날이면 빈 장독 뚜껑이 덜그럭거리며 수다

를 떤다

　내 삶이 어머니 자리에 와 있고,

　　어느새 내 얼굴에 어머니가 있었다

―「장독대」 부분

　어머니를 그리는 모정慕情의 심경은 명경明鏡처럼 맑으며, 그 어머니를 그리는 어법語法의 언술은 기억 저편은 공간을 소환하여 자못 고풍스럽다. '내 장독대에 어머니 항아리가 절반'이면 나는 그야말로 어머니의 시대와 그 삶의 계승자다. 시의 마무리에서 시인은 확고한 설득력을 가진, 결정적인 사모思母의 레토릭을 마련한다. "내 삶이 어머니 자리에 와 있고, 어느새 내 얼굴에 어머니가 있었다!" 「나만 아는 논과 밭이 있는 풍경」에 나오는 '아비'와 '어미'나, 「고수레」에 나오는 아버지와 어머니, 「막걸리」의 사내나 「태太」의 덕장 여인이 모두 이 육친의 사랑을 애달파 하는 시인의 고백을 대언代言한다. 쉬지 않고 하염없이 흐르는 세월만이 그 고색창연한 사연을 익히 알고 있을지 모르지만, 적어도 시인은 그 기억을 내치지 못하고 뒤좇는 자일 시 분명하다.

　지금까지 우리가 함께 읽은 박춘희의 시는, 우리 시가 가진 고유의 정서적 분위기를 바탕으로 다층적인 언어 기법을 활용하면서 선명한 메시지를 가진 자기 세계를 축조

하고 있었다. 그의 시는 우리의 삶을 중층적 구조로 파악하면서, 그에 연동된 시적 인식의 공간을 확장하는 데 숙성된 역량을 발양發揚했다. 그것은 가시적인 현상과 불가시적인 본질의 차원을 함께 바라보는 관점의 확립과 더불어 가능했던 터이다. 그런가 하면 의인화와 활유법에 기반한 시적 의미의 변용을 통해 새롭게 각성된 의식을 견인하는 데 이름으로써, 그의 시에 대한 미더움을 더해주었다. 시의 문면文面을 통해 희망을 발굴하는 방식, 그리고 세월 너머의 기억을 현실 가운데 되살리는 기법 등이 그의 시를 읽는 일을 뜻깊게 했다. 바라기로는 앞으로 그가 더 진전된 시 정신으로 더 원숙한 시 세계를 축성築城함으로써, 독자들과 더 행복하게 만날 수 있었으면 한다.

차이에 벽을 두지 않는다

초판 1쇄 인쇄일 | 2025년 2월 25일
지은이 | 박춘희
펴낸이 | 김미아
펴낸곳 | 더푸른 출판사
편 집 | 하종기

출판 등록 2019년 2월 19일 제 2009-000006호
경기도 평택시 지제동삭3로11, 108동 802호

전화 | 031-616-7139
팩스 | 0504-361-5259
E-mail | dprcps@naver.com
홈페이지 | https://blog.naver.com/dprcps

ISBN | 979-11-989716-0-9

값 12,000원

* 지은이와 협의에 의해 인지는 생략합니다.
* 잘못된 책은 구입하신 곳에서 교환해 드립니다.